A MES ANCIENS COLLÈGUES

SOCIÉTÉ

DU

TIR DE PICARDIE

OBERTHUR & FILS, RENNES

Maison à Paris, rue des Blancs-Manteaux, 35

1870

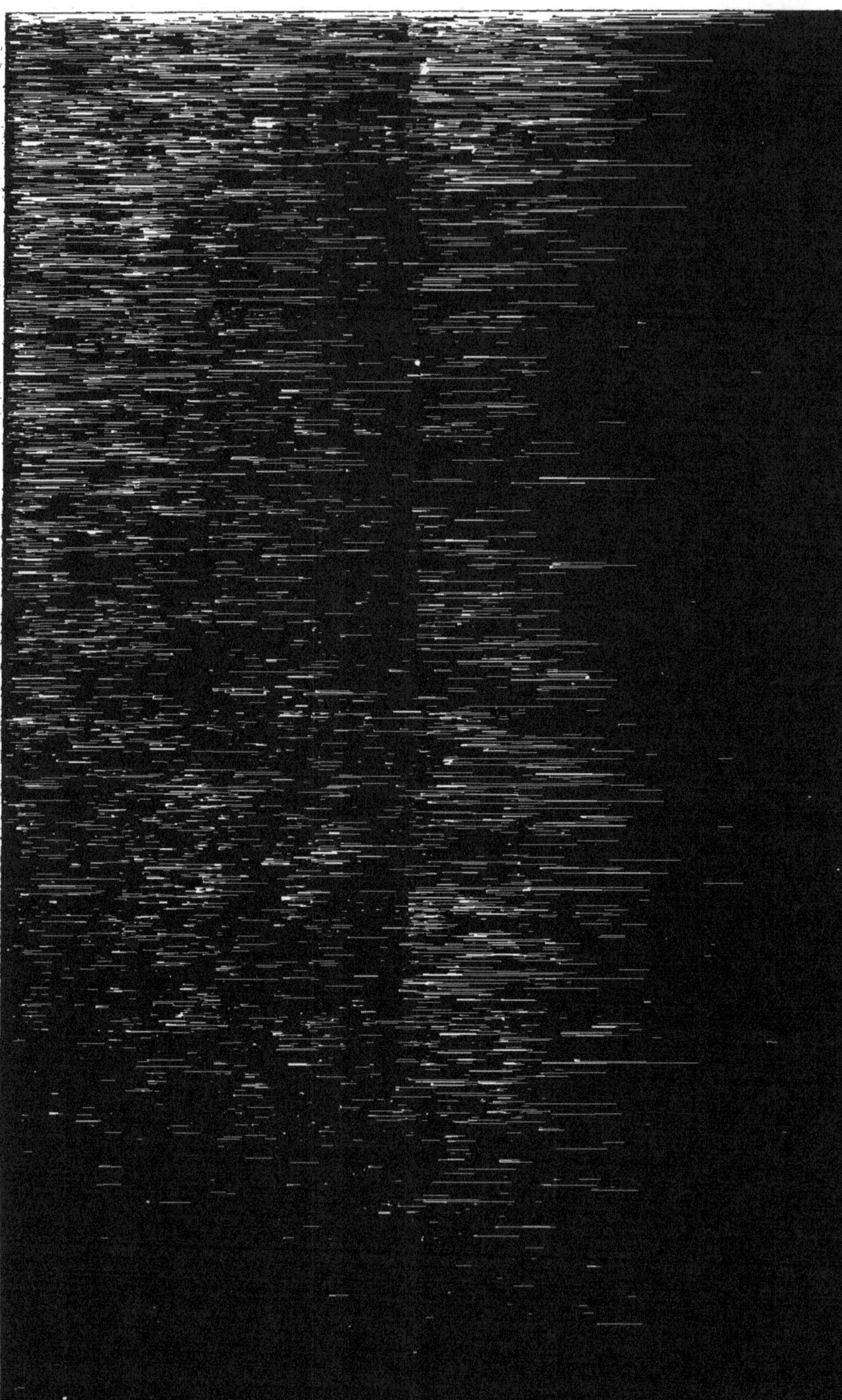

A MES ANCIENS COLLÈGUES

DE LA

SOCIÉTÉ

DU

TIR DE PICARDIE

OBERTHUR & FILS, RENNES

Maison à Paris, rue des Blancs-Manteaux, 35

1870

Anciens Collègues

——

Messieurs,

Je suis un des fondateurs de la Société du Tir de Picardie, et le moment n'est pas éloigné encore où l'on voulait bien reconnaître que par mes persévérants efforts j'avais contribué à sa création. Aujourd'hui, je suis exclu de la Société par décision du Conseil portant la date du 22 janvier 1870.

Dans quelles circonstances et pour quels motifs si graves cette détermination, qui épuise toute la mesure de la pénalité, a-t-elle été prise contre moi? Je veux vous les exposer, et si je me trouve en présence d'une sentence qui me frappe sans appel et qui pourrait se représenter à l'égard d'autres sociétaires, je demande qu'il me soit au moins permis de les soumettre à votre impartiale appréciation.

Mes explications seront franches, sincères, exprimées sans passion et appuyées de tous les documents propres à les justifier :

1° Je me trouvais, au mois de décembre dernier, au café du Globe, à Amiens, avec M. Jacowsky-Moch; j'eus avec ce dernier une conversation tout-à-fait intime, et que je ne m'attendais à voir révéler, encore moins à voir incriminer.

Il paraît cependant qu'à la suite de cette conversation, M. Jacowsky-Moch crut devoir écrire à M. le comte Léon de Chassepot, et qu'il le fit dans les termes suivants :

Amiens, le 8 janvier 1870.

MONSIEUR LE COMTE LÉON DE CHASSEPOT,

Je me suis trouvé, il y a quelques jours, avec M. Leroy-Guibet; il m'a affirmé que vous vous êtes formellement opposé que je fasse partie du Tir de Picardie. Je lui ai donné le démenti le plus formel, tant en mon nom qu'au vôtre. Cependant, s'il avait dit vrai, comme on m'a sollicité pour que j'en fasse partie, je vous prierais d'être assez bon pour accepter ma démission. En tous les cas, je serais très-heureux si vous vouliez bien, Monsieur le comte, m'honorer d'une réponse.

Recevez, etc.

JACOWSKY.

Voilà l'accusation, voilà la seule et unique base de la condamnation.

M. de Chassepot remit la lettre à M. le Vice-Président, qui m'en donna communication. Immédiatement je protestai contre des allégations qui m'attribuaient faussement une affirmation pouvant plus ou moins vivement froisser M. le comte Léon de Chassepot, M. le Vice-Président m'ayant adressé, à la date du 13 janvier 1870, la lettre suivante :

Amiens, *13 janvier 1870*.

M. Roy,

Je devais recevoir de vous, hier, une lettre explicative à propos de l'affaire Jacowsky. N'ayant encore rien reçu, veuillez me dire si vous avez préféré l'adresser à M. le Président directement, ou si votre volonté est de ne plus vous expliquer.

Ayant un devoir et une mission à remplir, sans réponse, sous quelques heures je réunirai la commission qui statuera.

J'ai l'honneur de vous saluer.

Le Vice-Président de la Société du Tir de Picardie,
Ch. MANGOT.

Je réponds le même jour.

13 janvier 1870.

Monsieur le Vice-Président,

Si je n'avais considéré que le signataire de la lettre que vous m'avez communiquée, je dédaignerais d'y répondre, c'est mon droit. Mais je dois au caractère dont est revêtu M. le Président de ne pas laisser m'attribuer des faits en tout mensongers à son égard. Vous m'avez demandé une explication, la voici :

Je n'ai en aucune manière parlé de M. de Chassepot, ni directement ni indirectement, dans l'entretien que j'ai eu avec M. Jacowsky-Moch. Au café du Globe, un démenti ne m'a pas été donné et pour cause. Mais vis-à-vis l'acte indigne de M. Jacowsky-Moch, je viens, moi, lui donner le démenti le plus formel et offre de le soutenir au besoin par témoins :

MM. Maillard,
Rémond,
Laperre,
Schoutten.

Vous me saurez gré, Monsieur le Vice-Président, de ces explications toutes volontaires, lesquelles vous pouvez communiquer à M. de Chassepot.

Agréez, Monsieur le Vice-Président, etc.

ROY-GUIBET.

Ainsi je produisais mes explications. J'indiquais et précisais les témoignages qui devaient en attester la sincérité; mais je n'avais à me justifier et ne voulais me justifier que vis-à-vis de M. le comte Léon de Chassepot, ne pouvant supposer qu'un différend privé, ayant pris naissance dans une conversation intime au café du Globe, pût donner lieu à une comparution devant le Conseil, à l'application des articles de nos statuts ou réglement.

Je fus donc bien étonné quand je reçus de M. le Vice-Président l'avis d'une réunion du Conseil appelé à statuer sur cette **désagréable** affaire. Je reproduis la lettre de M. le Vice-Président.

Amiens, le 17 janvier 1870.

Monsieur Roy-Guibet,

Comme de juste, la lettre dans laquelle vous donniez un démenti formel aux allégations formelles produites par M. Jacowsky lui a été communiquée. M. Jacowsky nous répond que, pour prouver son dire, il accepte les 4 témoins que vous-même désignez dans votre lettre 13 courant, et il nous prie de réunir le plus promptement possible la commission, pour que cette désagréable affaire y soit discutée et jugée contradictoirement.

En conséquence, et pour vous donner le temps nécessaire, je viens de donner ordre à M. le Secrétaire de réunir le Conseil chez moi, samedi 22 courant, à 4 heures précises du soir.

Vous devez, Monsieur, vous trouver à cette réunion, soit accompagné de vos témoins, soit au cas où ils n'habiteraient pas Amiens, muni de leurs déclarations écrites. Je dois, Monsieur, vous prévenir, dans votre intérêt, que cette affaire prend des proportions sérieuses, et que vous devez donner tous vos soins à votre *justification*.

A samedi, 4 heures, rue des Ecoles chrétiennes.

J'ai bien l'honneur de vous saluer.

Cᴴ. MANGOT.

Ma réponse ne devait pas être douteuse, je la reproduis également.

Amiens, 17 janvier.

Mᴏɴsɪᴇᴜʀ Mᴀɴɢᴏᴛ,

Je reçois à l'instant votre honorée 17 courant, et m'empresse d'y répondre. Je n'ai pas à me présenter devant le Conseil du Tir de Picardie, dont la réunion est demandée par M. Jacowsky. J'ai offert 4 témoins, qui pourront justifier de mon dire, s'il plaît à M. de Chassepot de les entendre. J'attends qu'il veuille bien me le demander, et je ferai tout en mon pouvoir pour lui donner satisfaction.

Agreez, Monsieur le Vice-Président, etc.

ROY-GUIBET.

Bien loin d'admettre mes raisons si légitimes, de décliner la compétence du Conseil pour une difficulté qui échappait aussi complétement à ses attributions, Monsieur le Vice-Président me signifia *carrément* (sic) sa volonté persistante de réunir le Conseil et de provoquer même par défaut une décision (lettre du Vice-Président).

Amiens, le 18 janvier.

M. Roy-Guibet,

Je reçois votre lettre 17 courant, répondant à la mienne du même jour.

En présence des faits de la cause, vous paraissez me dénier le droit de réunir le Conseil, et au Conseil le pouvoir d'en connaître; tel n'est pas mon avis, Monsieur, et j'ai l'honneur de vous informer que je persiste dans les termes et conclusions de ma lettre d'hier. En effet, si MM. de Chassepot et Jacowsky ont été attaqués et blessés par vous dans une *dispute* de café, à propos du Tir, leur droit était de s'en plaindre à la commission, et le Conseil, n'en doutez pas, *saura faire* son devoir et rendre justice à telle tournure qu'il vous plaise donner à l'affaire, et je vous en préviens, plus vous chercherez à embrouiller, à éluder ou à ergoter, plus vous nuirez à votre cause. Il eût été, et il serait bien plus simple, si vous avez foi en vous, d'en revenir à ce que vous avez proposé vous-même, c'est-à-dire faire entendre par la commission les quatre témoins proposés par vous, lesquels ont été acceptés par votre adversaire; si vous ne procédez pas ainsi, permettez-moi de vous dire que vous donnerez, avec apparence de raison, le droit, même aux esprits les moins prédisposés contre vous, de croire que vous ne pouvez offrir les preuves dont vous vous êtes à tort flatté.

Pour moi, rien ne peut et ne doit vous dispenser de paraître devant le Conseil, qui sera réuni chez moi le samedi 22 courant, à quatre heures, ne devriez-vous, accompagné de vos témoins ou de leurs déclarations écrites, ne vous y présenter que pour y plaider l'*incompétence du Conseil*. Puisque tel paraît être votre avis, vous disant bien *carrément* que si toutefois, sous des prétextes plus ou moins spécieux, il vous convient de faire défaut, l'affaire n'en sera pas moins discutée et jugée. Ceci dit afin que vous n'en ignoriez et pour la dernière fois, ne pouvant passer tout mon temps en discussions stériles.

J'ai l'honneur de vous saluer.

Le Vice-Président du Tir de Picardie,
Ch. MANGOT.

Mais en vertu de quel article des statuts prétendait-on ainsi me faire juger par le Conseil pour un fait qui s'était accompli en dehors du service, en dehors de l'enceinte du Tir, en dehors de toute action de la Société?

Amiens, le 19 janvier 1870.

MONSIEUR LE VICE-PRÉSIDENT DU TIR DE PICARDIE,

Vous m'obligerez, Monsieur le Vice-Président, en me disant en vertu de quel article vous me citez à comparaître devant le Conseil? — Je vous rappelle une conversation chez vous en ce qui concerne le refus de M. Jacowsky, lors du début de la Société (salle de l'Hôtel-de-Ville).

Je me tiens *toujours* à la disposition de M. le comte Léon de Chassepot, ou son fondé de pouvoir, pour lui donner des explications conformément à mes lettres 13 et 17 courant.

J'ai, Monsieur le Vice-Président, l'honneur de vous saluer.

ROY-GUIBET.

On voulut bien déférer à ma demande, et voici ce qui me fut répondu :

Amiens, le 19 janvier 1870.

MONSIEUR ROY-GUIBET,

Je reçois votre lettre 19 courant. C'est en vertu de l'art. 19 *du réglement* que vous êtes et serez invité à comparaître devant le Conseil, le samedi 22 courant, à quatre heures, chez moi, disant que tout ce qui a pu se passer entre membres de la Société ou à propos de membres de la Société peut et doit être du ressort du Conseil, dès l'instant où il y a plaintes verbales et écrites. Partant de ce principe, je crois, Monsieur, que ni M. de Chassepot, ni son fondé de pouvoir, comme homme privé, ne pourraient rien, et que le Conseil seul pourra apprécier et décider.

En conséquence, je m'en réfère à mes lettres des 17 et 18 courant et vous prie, pour la troisième fois, d'apporter vos moyens de défense au Conseil, qui seul peut et doit en connaître en l'état des choses.

J'ai bien l'honneur de vous saluer.

Ch. MANGOT.

La citation n'était pas heureuse. D'abord il ne s'agissait pas de l'art. 19 du réglement, qui porte : *Défense de fumer dans la salle du Tir, à peine de 5 fr. d'amende*, mais bien certainement de l'art. 19 des statuts, disant : *Toutes les difficultés ou discussions sérieuses qui surgiront dans les Assemblées, au Tir et au Cercle, seront jugées en dernier ressort par le Conseil, qui pourra prononcer contre le sociétaire mis en cause et entendu en ses moyens de défense un rappel à l'ordre, une amende dont le minimum sera de 5 fr. et le maximum de 20 fr., ou même l'exclusion définitive, sans restitution pour la cotisation versée.*

En outre, c'est vainement que je lus et relus cet *article 19 des statuts.* Il me fut impossible d'y trouver une application quelconque à la nature du différend, qui me faisait intimer l'ordre de comparaître devant le conseil. Il était évident, au contraire, d'après les termes mêmes de l'article indiqué, que la conversation tenue au café du Globe, c'est-à-dire en dehors des Assemblées, au Tir, au Cercle, devait rester étrangère à l'action du Conseil.

L'erreur de M. le Vice-Président était manifeste, mais on était résolu à saisir le Conseil, et le 21 janvier, Monsieur le Secrétaire-Adjoint suppléant me donnait un dernier avertissement.

Amiens, le 21 janvier.

Monsieur Roy-Guibet,

Je viens vous faire part que, conformément aux lettres que M. Mangot, vice-président, vous a adressées, le conseil d'administration se réunira chez lui, demain samedi 22 courant, à 4 heures précises au soir, pour décider sur votre incident avec M. Jacowsky. Vous êtes prié de vous y trouver.

Recevez... .. le secrétaire-adjoint suppléant,

TISON.

Dès que j'eus reçu cet avertissement, je m'empressai de bien faire connaître de nouveau quel était le motif qui me déterminait à ne pas comparaître.

Amiens, le 22 janvier 1870.

Monsieur le Vice-Président,

J'attendais, pour répondre à votre lettre 19 courant, d'avoir reçu l'avis de comparution que vous m'annonciez; il me parvient ce matin, 9 heures. Plus que jamais, j'offre de prouver à M. de Chassepot ou son fondé de pouvoir, que dans la conversation que j'ai eue au café du Globe avec M. Jacowsky, il n'a été aucunement question de lui... L'article 19 des statuts ne m'étant pas dans cette circonstance applicable, vous trouverez bon que je ne me rende pas à la séance où vous m'avez cité.

Veuillez agréer, M......

ROY-GUIBET.

Le Conseil s'assembla et jugea ; je ne puis mieux faire que de transcrire *in extenso* le procès-verbal-jugement :

Procès-verbal de la séance du 22 janvier 1870,
à 4 heures de relevée, chez M. Mangot, rue des
Ecoles chrétiennes.

PRÉSIDENCE DE M. CH. MANGOT.

Membres présents.

MM. Le comte Léon de Chassepot,
     Tassencourt,
     Jullien,
     Frennelet,
     Boilleaux fils,
     Gandière,
     Tison,
     Beldame-Testu.
M. Jacowsky, convoqué. Présent.

M. de Chassepot déclare se récuser, son nom ayant été prononcé dans la lettre de M. Jacowsky du 8 janvier (aux archives).

Il prie M. Charles Mangot de vouloir bien présider à la réunion, et déclare qu'il ne prendra part ni à la discussion, ni au vote.

Monsieur le Vice-Président raconte avoir eu une entrevue avec M. Roy-Guibet, dans laquelle il lui a donné connaissance de la lettre adressée le 8 janvier, par M. Jacowsky, à M. de Chassepot.

M. Mangot dit que M. Roy-Guibet a tout aussitôt opposé le plus formel démenti à cette lettre, jurant que le nom de M. de Chassepot n'avait pas été prononcé. Déclaration que M. Roy-Guibet répète dans sa lettre 13 janvier (aux archives), que M. Tassencourt a été chargé de transmettre les explications de M. Roy à M. Jacowsky. Ce dernier a répondu à M. Tassencourt qu'il maintenait sa lettre du 8 janvier et qu'il acceptait les témoins proposés par M. Roy dans sa lettre du 13 janvier.

M. Jacowsky a écrit le 15 janvier une lettre au vice-président, dans laquelle il le prie de vouloir bien nommer une commission le plus tôt possible pour juger cette affaire (aux archives).

Par sa lettre du 17 janvier, M. Mangot fait part à M. Roy-Guibet des suites de cette démarche (aux archives). M. Roy-Guibet répond le même jour par lettre qu'il n'a pas à se présenter devant le Conseil du Tir de Picardie, dont la réunion est demandée par M. Jacowsky (aux archives). M. Mangot adresse à M. Roy, le 18 janvier, une lettre (aux archives). Par sa lettre du 19 janvier, M. Roy-Guibet demande en vertu de quel article il est cité à comparaître devant le Conseil (aux archives). A la même date, le Conseil fait savoir à M. Roy que c'est en vertu de l'article 19 du règlement qu'il est et sera invité à comparaître devant le Conseil, disant que « *tout ce qui a pu se passer entre membres de la Société ou à propos des membres de la Société, peut et doit être du ressort du Conseil, dès l'instant qu'il y a plaintes verbales et écrites.* » (Lettres aux archives.) A cette dernière, M. Roy-Guibet répond par lettre en date du 22 janvier (aux archives). M. Jacowsky est ensuite introduit au Conseil. M. Roy-Guibet fait défaut. M. Jacowsky confirme ses déclarations. Le Conseil le prie d'attendre, dans l'espoir que malgré sa dernière lettre, M. Roy se rendra aux *instances bienveillantes* et *réitérées* de M. Mangot.

Après une heure d'attente, le Conseil remercie M. Jacowsky d'avoir répondu à son appel, et lui dit que le Secrétaire lui fera connaître la décision qui sera prise. — M. Jacowsky se retire.

Après une longue discussion, le Conseil, *attendu* que l'Assemblée générale lui a reproché de ne pas avoir appliqué l'art. 19 au sujet des récriminations que M. Roy-Guibet avait lancées contre la Société ; — *Attendu* que cette Assemblée, après avoir demandé au Conseil, à une majorité de 39 voix sur 42 votants, d'infliger à M. Roy-Guibet un blâme et un rappel à l'ordre, et de le prévenir que s'il ne changeait sa ligne de conduite à l'égard de la Société, elle charge le Conseil de lui appliquer l'art. 19 dans toute sa sévérité ; — *Attendu* que M. Roy-Guibet n'a pas tenu compte de cette décision de l'assemblée générale ; — *Attendu* que M. Jacowsky, dans sa lettre du 8 janvier, demande au Conseil de se réunir au plus tôt pour juger sur cet incident entre lui et M. Roy ; — *Attendu* que suivant le septième paragraphe de l'art. 18 des statuts (nouveaux), rédigé par l'assemblée des porteurs de parts du 9 avril 1869 et approuvé par arrêté préfectoral, conçu en ces termes : « *Sous quelque prétexte que ce soit, le Conseil ne peut s'abstenir de délibérer sur les* QUESTIONS *qui lui sont régulièrement soumises;* » — *Attendu* que le neuvième paragraphe du même article des statuts donne le droit au Conseil d'arrêter d'une manière définitive des réglements qui deviennent obligatoires pour les sociétaires; qu'en vertu de cet article. dans sa séance du 28 septembre dernier, à laquelle assistait M. Roy-Guibet, alors Directeur du Tir, le Conseil, sur la demande de M. Charles Guibet, a voté à l'unanimité que « *tout sociétaire qui sera convaincu d'avoir diffamé dans un lieu public, à l'occasion du service, un membre de la Société sera exclu;* » — *Attendu* que M. Roy, faisant défaut, ne fournit aucune justification sur les faits allégués contre lui; — *Attendu* que M. Jacowsky s'est rendu à la réunion et y a donné des explications qui ont paru satisfaisantes;

Par ces considérations,

Le Conseil se reconnaît compétent, et déclare à l'unanimité, suivant l'art. 18 nouveau des statuts, que *cette affaire* doit être jugée sans appel.

M. Mangot, voulant encore user de *modération*, demande au Conseil s'il consent à remettre cette affaire à quelques jours, pour donner à M. Roy le temps de réfléchir, espérant le faire revenir sur sa détermination.

Le Conseil. après avoir discuté sur la proposition de

M. Mangot, déclare que M. Roy-Guibet a eu le temps nécessaire pour réfléchir, que la demande de **M. Jacowski** a été *régulièrement faite* suivant l'art. 18 nouveau des statuts, et décide, par cinq non, contre trois oui, que la délibération ne sera pas remise.

En conséquence de cette décision, Monsieur le Vice-Président met aux voix les propositions suivantes :

1° Une amende de 20 fr. à infliger à **M. Roy.** Le Conseil passe au vote, et le résultat donne **7** voix qui repoussent cette proposition; une voix pour;

2° **M. Roy-Guibet** doit-il être exclu de la Société; il est passé au scrutin, et **7** voix contre une décident que M. Roy est exclu.

Le Secrétaire est chargé d'adresser à **M. Roy-Guibet** l'extrait du procès-verbal.

Le Secrétaire-Adjoint,

Cachet de la Société.

BELDAME-TESTU.

Je n'entends nullement discuter ce jugement, mais je demande la faveur de présenter quelques observations.

Il est à remarquer d'abord qu'on déclare me poursuivre en vertu de l'art. 19; que malgré mes protestations on veut que cet article soit applicable, et qu'en définitive on l'abandonne complètement, et on s'appuie sur l'art. 18 des statuts (nouveaux). J'avais donc raison de soutenir que l'art. 19 non seulement ne consacrait pas, mais excluait la compétence du Conseil.

Mais que dit l'art. 18 (nouveau)...? Il est conçu en ces termes : *4me paragraphe, « sous quelque prétexte que ce soit, le Conseil ne peut s'abstenir de délibérer sur les questions qui lui sont régulièrement soumises. »* Dès lors compétence, dit le Conseil, car nous ne pouvons nous abstenir de délibérer sur la question qui nous est régulièrement soumise, et M. Jacowsky nous a régulièrement soumis *une question.* Il ne faut pas être bien profond jurisconsulte pour découvrir le vice d'un semblable raisonnement; le Conseil de la Société du Tir de Picardie est un conseil de famille qui n'a compétence que pour les questions intéressant la Société, et les membres qui composent cette Société ne sont justiciables du Conseil que pour des faits qui se rattachent au service ou aux rapports des membres entre eux dans l'intérieur du Tir ou à l'occasion du Tir. Tout ce qui est personnel, tout ce qui est privé, tout ce qui est intime, tout ce qui par cela même ne touche pas la Société, ne peut jamais faire l'objet d'une question à soumettre au Conseil. Or, est-il rien de plus privé qu'une conversation tenue entre trois ou quatre personnes et en dehors de tout local dépendant du Tir ou se rattachant au Tir.

Le Conseil s'est donc laissé entraîner, par une interprétation tout-à-fait erronée, à violer l'esprit et les termes des lois et réglements qui régissent la Société. Cela est si bien dit par les statuts, cela est tellement évident, quand on veut bien ne voir que le fait reproché lui-même, qu'il est vraiment superflu d'insister sur ce premier point du jugement : compétence. — Voilà pour la forme. Le Conseil avait, pour se dire compétent, es-

sayé de motiver sa décision; mais au fond il devait bien
au moins rapporter les prétendus propos diffamatoires,
en faire ressortir la criminalité; il n'a pas cru devoir
agir ainsi, et il s'est borné à déclarer « *que M. Jacowsky
s'est rendu à la réunion et qu'il y a donné des explications qui ont paru satisfaisantes.* »

Il ne s'agissait nullement des explications de M. Jacowsky, ni de leur suffisance. — Le Conseil avait à bien
préciser l'accusation, à en établir l'existence prouvée :
il a gardé le silence, et j'attends encore que l'on me fasse
connaître les motifs vrais et juridiques qui ont fait
prononcer mon exclusion.

Un mot enfin sur l'indication portée au jugement de
cet article voté le 28 septembre dernier : «*Tout sociétaire convaincu d'avoir diffamé*, etc., etc... » Il est
certain que cet article n'aurait jamais dû être visé dans
la décision du Conseil. Il paraît, en effet, être invoqué
pour former la base de la sentence, et il en détruit toute
l'économie. Les membres du Conseil se rappelleront
dans quelle circonstance l'article a été voté, et les
termes dans lesquels il est conçu en révèlent nettement
l'esprit. Il faut que le sociétaire soit *convaincu d'avoir
diffamé* dans un lieu public, à l'**occasion du service**.
Suis-je convaincu d'avoir diffamé? Où est la diffamation? La décision reste muette : où est la preuve de la
diffamation? La décision est muette, « *à moins qu'on
n'élève à la hauteur d'une preuve les explications de
M. Jacowsky, qui ont paru si satisfaisantes.* » La preuve
de la diffamation n'existe pas, elle ne pouvait exister;

mais la preuve contraire de tous les prétendus propos est complète. Je l'ai précieusement recueillie, et puisqu'il m'a toujours été impossible de la produire à M. de Chassepot, auquel seul j'avais à la fournir, je viens la soumettre à mes anciens collègues.

Nous étions six au café du Globe, quand a eu lieu la conversation qui me rendait coupable, au point de motiver mon exclusion de la Société. Eh bien ! je ne connais pas les explications *si satisfaisantes* de M. Jacowsky ; mais voici le témoignage de ceux qui ont tout vu, tout entendu.

Comines, le 20 janvier 1870.

Monsieur Roy-Guibet.

En réponse à votre honorée 17 courant, concernant la conversation que vous avez eue au café du Globe avec M. Jacowsky-Moch, et dont j'ai été témoin, je puis attester sur l'honneur que vous n'avez pas été démenti par M. Jacowsky, que le nom de M. Léon de Chassepot n'a plus été prononcé dans ce débat, que la conversation qui a eu lieu au café du Globe n'était nullement animée et s'est réduite à ce que M. Jacowsky a quitté la salle avec M. Roy, avec lequel nous étions, et sommes allés au café Dufourmentel, où il n'a pas été question de M. Jacowsky. J'affirme également n'avoir reçu que cette seule lettre de M. Roy, et aucune autre explication ne m'a été donnée au sujet de cet incident.

Je vous présente, etc.

SCHOUTTETEN père.

Reims, le 21 janvier 1870.

Monsieur Roy-Guibet,

Je m'empresse de répondre à votre honorée 17 courant mois, que je reçois à l'instant même. Vous me demandez que je veuille bien reporter mes souvenirs à notre dernière entrevue au café du Globe, à Amiens. Je me rappelle parfaitement que, quand notre ami le voyageur faisait son tour aux allumettes, vous avez été interpellé par M. Jacowsky, dentiste, et ceci au sujet de garde nationale et de tir. Je dirai plus, je puis certifier et attester qu'il n'y a eu aucun incident entre vous, et qu'il fallait savoir de quoi il s'agissait pour s'en douter, tellement ça s'est passé avec calme. Du reste, ce Monsieur est sorti avec nous du café, et de là nous nous sommes rendus au café Vincent ancien-nement, et que tout a été fini. Je dirai plus, c'est qu'il n'a été nul-lement question de M. le comte Léon de Chassepot et que son nom n'a même pas été prononcé. En outre, M. Roy-Guibet n'a été en rien démenti par M. Jacowsky dans tout ce qui a pu se dire, car j'étais à côté de ces Messieurs. J'affirme également n'avoir reçu que cette lettre de M. Roy et qu'aucune autre explication ne m'a été donnée.

Recevez, etc.

Signé : **V. RÉMOND.**

Lille, le 22 janvier.

Monsieur Roy-Guibet,

Aujourd'hui, je suis arrivé de Belgique après trois jours de retard ; c'est ce motif qui m'a privé de vous répondre de suite ; je suis franchement surpris de votre lettre, car pour moi votre conversation avec M. Jacowsky n'a rien eu de blessant pour personne. Après avoir fait le coup aux allumettes, nous nous sommes mis à table pour prendre une chope. En effet, vous avez parlé de garde nationale, mais je certifie que je n'ai pas entendu donner de démenti. Nous étions quatre, je suis persuadé que ces Messieurs seront tous de mon avis ; pour le nom de M. de Chassepot, il n'en a pas été question ; du moins, je ne m'en rappelle pas. Je certifie, mon cher ami, que je parle sincèrement, et que je n'ai pas entendu un mot de plus.

Veuillez......... .

LAPÈRE.

. . . .
. . . .

Je n'ai rien à ajouter à ces témoignages. .... A mes anciens collègues d'apprécier. . .....

ROY-GUIBET,

Fondateur de la Société du Tir de Picardie.

11, rue de Noyon, AMIENS.

N. B. — Résolu à ne laisser rien d'obscur ni de douteux, même des faits qui ont précédé le procès,

Je tiens à affirmer de la manière la plus formelle, et sur l'honneur, que je n'ai point écrit, ni dicté, ni conseillé les lettres signées du pseudonyme *Tire-Fiacre*, qui m'ont été attribuées. Provoqué par la lettre de MM. de Chassepot et Beldame-Testu du 3 novembre, insérée au Franc-Tireur du 7, je me suis borné à y répondre le 9, *signant* les explications que j'ai cru devoir donner. C'est, je pense, et vous serez de mon avis, Messieurs, le droit indiscutable de tout sociétaire mis publiquement en cause.

ROY-GUIBET.

Typ. Oberthur et Fils, à Rennes.— Maison à Paris, r. des Blancs-Manteaux, 35.

72

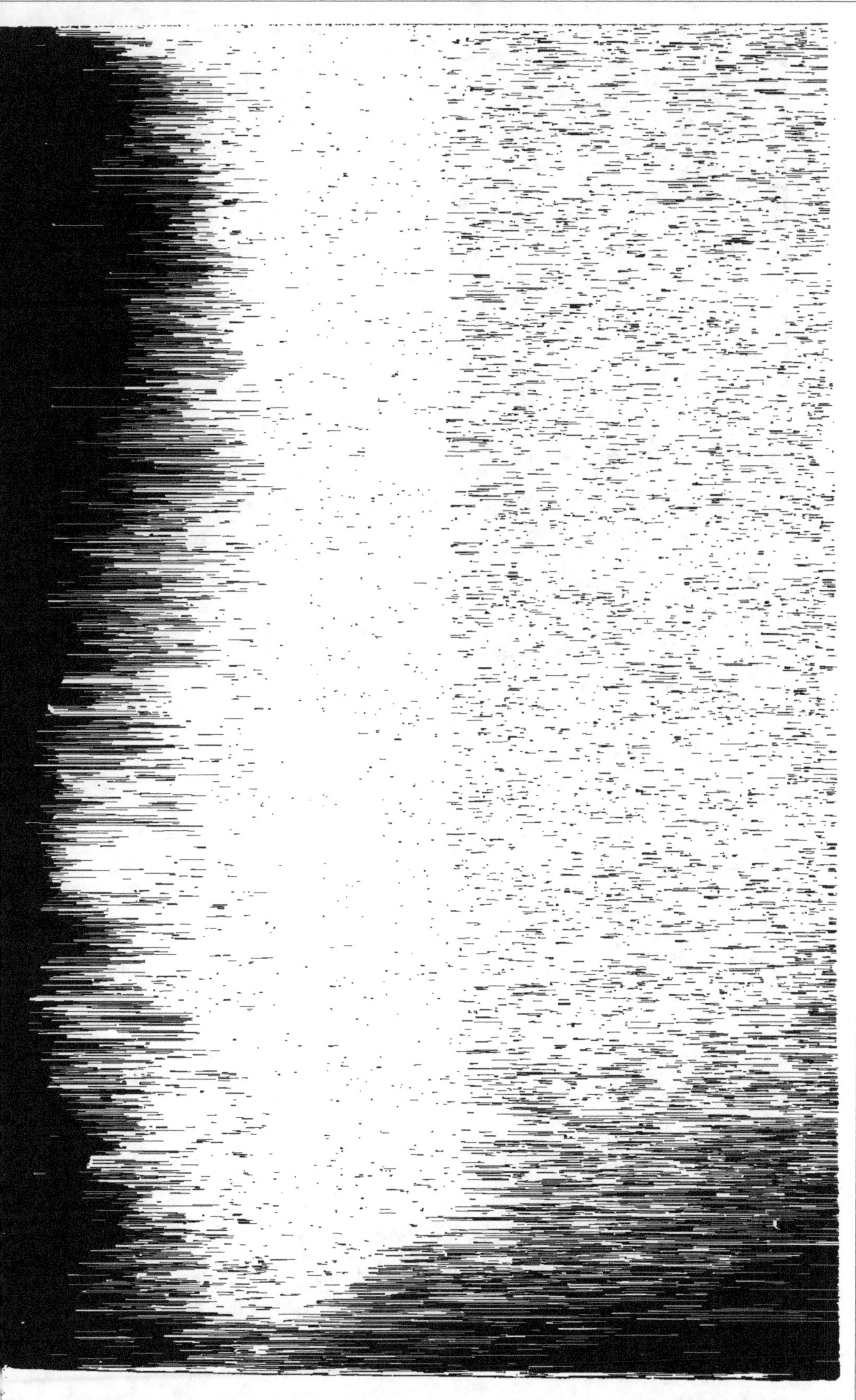

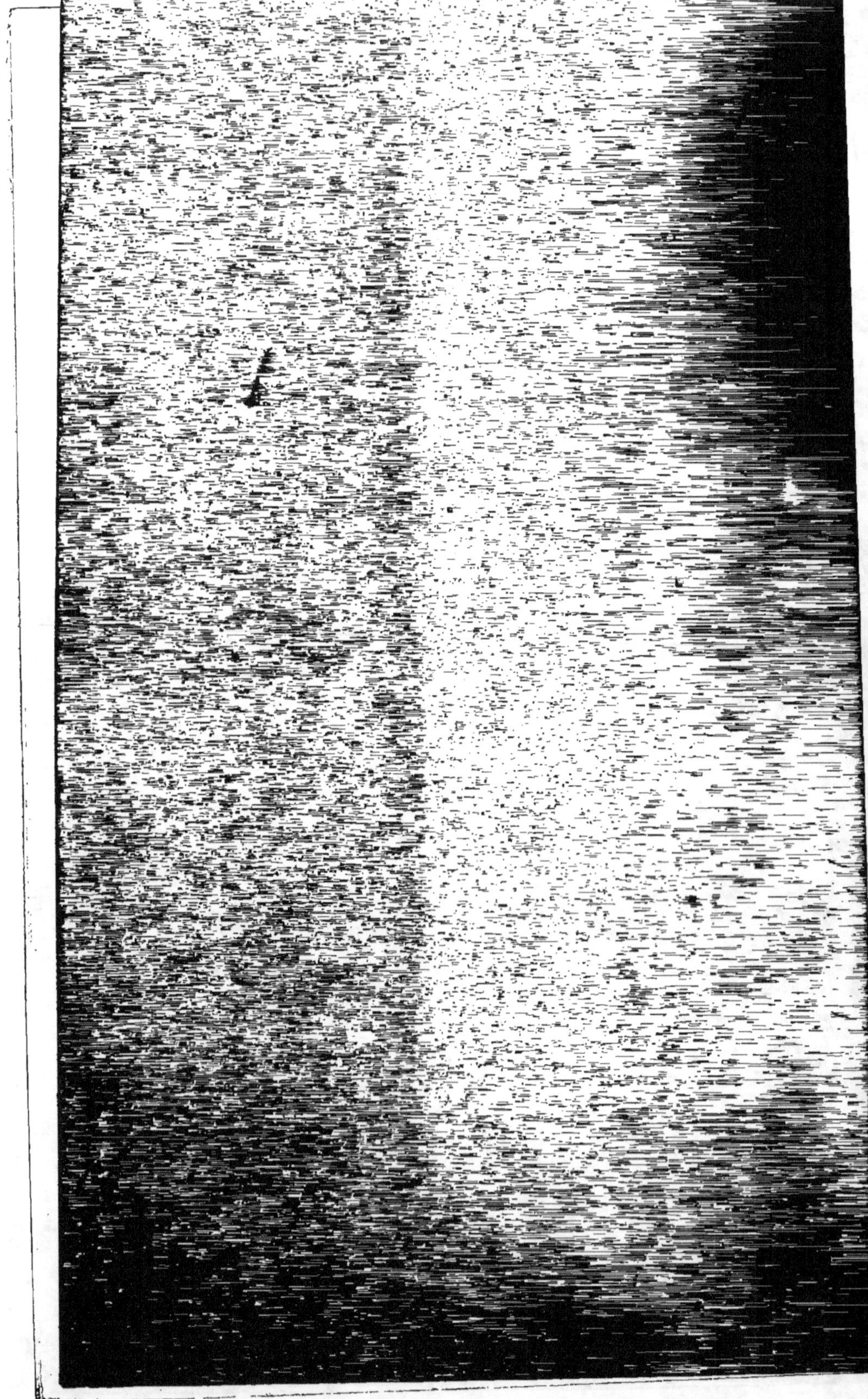

www.ingramcontent.com/pod-product-compliance
Lightning Source LLC
Chambersburg PA
CBHW061722060726
47597CB00006B/2526